AF372683

VENTE

du Mercredi 6 Décembre 1882

HOTEL DROUOT, SALLE N° 4

A DEUX HEURES

PORCELAINES DE SÈVRES

DE SAXE, DE CHINE, DU JAPON & AUTRES

DIAMANTS & BIJOUX

OBJETS DE VITRINE — BRONZES

OBJETS DIVERS

EXPOSITION PUBLIQUE

Le Mardi 5 Décembre 1882

de une heure à cinq heures.

<table>
<tr><td>Mᵉ Paul CHEVALLIER
COMMISSAIRE-PRISEUR
10, rue de la Grange-Batelière.</td><td>M. Charles MANNHEIM
EXPERT
7, rue Saint-Georges.</td></tr>
</table>

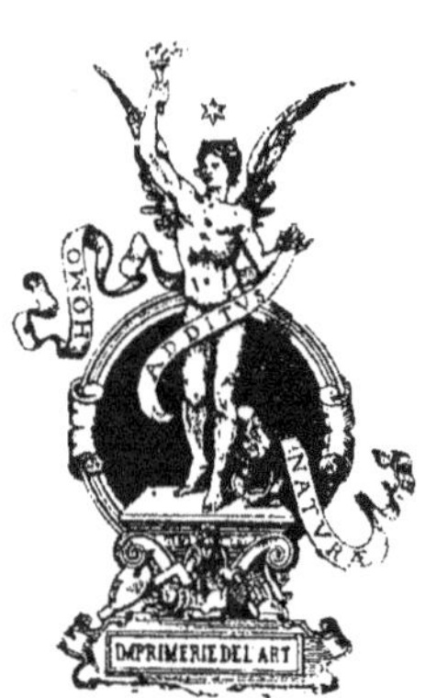

HOMO
DEUS
NATVRE
IMPRIMERIE DE L'ART

CONDITIONS DE LA VENTE

Elle sera faite au comptant.

Les Acquéreurs paieront CINQ POUR CENT en sus des enchères.

L'exposition mettant le public à même de se rendre compte de l'état des objets, il ne sera admis aucune réclamation une fois l'adjudication prononcée.

DÉSIGNATION DES OBJETS

DIAMANTS ET BIJOUX

1 — Beau bracelet brisé, composé de trois églan-
tines et d'ornements montés de brillants et de
roses sur argent. Cette pièce peut aussi servir de
diadème.

2 — Deux boutons d'oreilles formés chacun d'un
brillant monté à griffes.

3 — Bague en or ornée d'une émeraude et de deux
brillants montés à griffes.

4 — Bague en or ornée d'un beau rubis avec entourage de brillants.

5 — Bague marquise, en or, avec une perle blanche,
une perle grise et pavé de brillants.

6 — Un collier composé d'une chaîne en onyx avec vingt-huit brillants.

7 — Une broche médaillon, œillet, orné d'un gros brillant au centre avec entourage d'autres petits brillants.

PORCELAINES DE SÈVRES

8 — Soupière et son plateau de forme contournée, en ancienne porcelaine de Sèvres pâte tendre à riche décor de bandes et médaillons de fleurs, de perles et de lauriers, le tout rehaussé d'or.

9 — Bol de même porcelaine et de décor analogue.

10 — Quatre plateaux ronds sur pieds bas, de même porcelaine et de décor analogue.

11 — Une verrière de même décor.

12 — Une assiette creuse et cinq assiettes plates, de même porcelaine et de décor analogue.

13 — Quatre seaux à glace avec couvercle et à deux anses, de mêmes porcelaine et décor.

14 — Deux pots et quatre assiettes en porcelaine dure, genre Sèvres, décor analogue aux pièces précédentes.

15 — Grand vase de forme Médicis, en porcelaine moderne de Sèvres, fond turquoise et or à médaillon de fleurs.

16 — Tasse et soucoupe en ancien Sèvres pâte tendre à décor de fleurs.

17 — Pot à eau et cuvette en ancienne porcelaine de Sèvres pâte tendre, décor dit bleu Barbot.

PORCELAINES DE SAXE

18 — Trois grands pots à couvercle en porcelaine de Saxe, décor bleu, rouge et or, de style japonais.

19 — Grand candélabre de milieu à six branches porte-lumières, en porcelaine de Saxe moderne. Le pied, de forme triangulaire, est orné de figurines d'enfants et de fleurs en relief.

20 — Quatre girandoles à trois lumières, en porcelaine de Saxe moderne, ornées de groupes figurant les Saisons.

21 — Coupe de surtout en Saxe moderne, soutenue
par deux figures d'enfants sur un tronc d'arbre.

21*bis* — Six coupes à double coquille en Saxe moderne.

22 — Quatre coupes en Saxe moderne, ajourées et
soutenues par des groupes de figures, avec fleurs
en relief.

23 — Huit coupes sur pieds élevés, en Saxe moderne,
ajourées et décorées de fleurs.

24 — Grand plateau de surtout de table, à fond de
glace avec bordure en porcelaine de Saxe à figures
et fleurs en relief.

25 — Groupe de quatre figures : le Concert, sur
socle à tore de lauriers en porcelaine de Saxe,
époque de Marcolini.

26 — Groupe en porcelaine de Saxe : le Triomphe
de Silène.

27 — Groupe d'enfants : les Cinq Sens, en ancienne
porcelaine de Saxe.

28 — Groupe de quatre enfants : allégorie de l'Été,
porcelaine de Saxe.

29 — Groupe de quatre enfants, en Saxe : le Printemps,

30 --- Groupe de quatre figures : la Bonne Mère, en
Saxe.

31 — Groupe de deux chevaux sur des nuages, en
Saxe moderne.

32 — Groupe en Saxe : le Cerf forcé.

33 -- Groupe en vieux Saxe : Vénus, Adonis et
l'Amour.

34 -- Groupe en Saxe : Figure allégorique d'une
rivière.

35 -- Figure de Berger, en Saxe.

36 --- Groupe de deux enfants : la Leçon de flageolet.

37 --- Figure de Vulcain, en Saxe moderne.

38 --- Cinq figures d'amours, avec devises, en Saxe
moderne.

39 — Deux figurines, Saxe moderne : Jeune garçon tenant un coq et jeune fille tenant une corbeille de fleurs.

40 — Trois figurines : Joueuse de flûte, le petit marchand de fleurs et enfant sur socle carré, en Saxe moderne.

41 — Un petit groupe de trois enfants figurant le Printemps, et trois petites figurines, enfants nus tenant des fleurs.

42 — Six assiettes en Saxe gaufré, à petits médaillons sujets Watteau.

43 — Six assiettes en Saxe moderne gaufré, bordures à jour et fleurs au centre.

44 — Cabaret à thé et à café, en vieux Saxe, à imbrications en rose à médaillons de paysages et rehauts d'or, composé de quarante-trois pièces.

45 — Six tasses et six soucoupes en porcelaine de Saxe, décor Watteau, en camaïeu bleu.

46 — Cafetière et pot à crème, en Saxe, décor bleu.

47 — Petit pot à anse et couvercle avec soucoupe en Saxe à décor de fleurs.

48 — Théière en Saxe moderne, anse formée de deux figures.

49 — Une boîte oblongue en ancienne porcelaine de Saxe, à sujets d'enfants.

50 — Soupière et son plateau, en ancienne porcelaine de Saxe, décor à bouquets de fleurs, le couvercle formé d'un citron.

51 — Deux saucières en porcelaine de Saxe, à fleurs.

52 — Un sucrier et son plateau, en Saxe, bouton du couvercle formé d'un coing,

53 — Quatre tasses sans anse avec leurs soucoupes en ancienne porcelaine de Saxe à fleurs.

54 — Vase en Saxe moderne, à pied triangulaire, décoré de médaillons en grisaille.

54*bis* — Deux oiseaux sur un nid, en porcelaine moderne de Saxe.

55 — Cinq figurines en porcelaine de Saxe dont deux petits amours.

PORCELAINES DE LA CHINE ET DU JAPON

56 — Deux potiches en ancienne porcelaine de Chine fond brun, avec réserves à fleurs émaillées.

57 — Deux potiches en ancienne porcelaine du Japon bleu, rouge et or, couvercles surmontés de chimères.

58 — Trois potiches de même porcelaine et de décor analogue, couvercles surmontés de figures.

59 — Garniture de cinq pièces, vases et cornets en porcelaine de l'Inde à médaillons de figures.

60 — Deux flacons carrés en porcelaine du Japon.

61 — Deux paires de potiches en vieux Chine émaillé, à décor du dragon impérial dans les flammes.

62 — Douze tasses sans anse avec soucoupes, en ancienne porcelaine du Japon.

63 — Petit plateau et trois cafetières en porcelaine de Chine bleu de Perse.

64 — Une théière et neuf tasses à café à anse, en ancienne porcelaine de Chine émaillée, décor au coq et à fleurs.

65 — Assiette en porcelaine mince de Chine, marli décoré de grecques et rehaut d'or.

66 — Bol en porcelaine de Chine rouge de fer à médaillons.

67 — Deux vases balustres haricot rouge de Chine.

68 — Vase ovoïde en céladon vert d'eau.

69 — Quatre plats oblongs en porcelaine de l'Inde.

70 — Vase balustre à goulot renflé en ancienne porcelaine de Chine, décor vert et rouge.

71 — Cafetière en porcelaine du Japon, décor bleu, rouge et or.

72 —Cafetière cylindrique, à couvercle, en porcelaine de Chine émaillée.

PORCELAINES DIVERSES

73 — Grand groupe en porcelaine de Vienne : le Galant Chasseur.

74 — Groupe en porcelaine de Vienne : Bacchus et
Ariane.

75 — Groupe en porcelaine de Vienne, Pâris, Hé-
lène et l'Amour.

76 — Grande figure allégorique de la Justice, en
porcelaine anglaise.

77 — Groupe en porcelaine de Berlin : le Triomphe
de Bacchus.

78 — Figurine de marchande de fleurs, en porcelaine de Berlin.

79 — Grand groupe en biscuit : offrande à l'Amour.

80 — Deux groupes en porcelaine de Hoechst : Enfant sur un crocodile et un autre près d'un lion.

81 — Deux groupes de deux figures de bergers, en
biscuit.

82 — Deux grandes figures : Jardinier et Jardinière,
en porcelaine moderne.

83 — Cabaret en porcelaine tendre de Tournay,
décor gros bleu rehaussé de dorures, à sujets
Watteau ; il est composé de sept pièces avec plateau. Dans un écrin.

84 -- Six assiettes en porcelaine tendre de Tournay, à marli gros bleu avec réserves de fleurs et rehauts d'or.

85 -- Deux grands vases en porcelaine de Tournay, bleu turquoise à médaillons de paysages et de figures encadrés d'or.

86 — Fontaine en imitation de porcelaine du Japon, à trois pieds et à décor en relief.

87 — Petit service genre Saxe : six tasses et soucoupes, un sucrier et une boîte à thé.

88 — Douze assiettes en porcelaine italienne à figures et paysages.

89 — Six tasses et six soucoupes en porcelaine à écussons armoriés.

90 — Un petit vase blanc, une paire de petits vases décor doré, une petite corbeille, une tasse à couvercle et une soucoupe en porcelaines diverses.

91 — Soupière et son plateau en porcelaine dure, décor genre Sèvres à fleurs.

92 — Lot de pièces diverses en porcelaines de différentes fabriques.

FAIENCES

93 -- Deux potiches à côtes en faïence de Delft, décor polychrome.

94 — Un petit moutardier en faïence décoré à l'imitation des Moustiers.

95 — Deux flambeaux en ancienne faïence de Delft, décor bleu.

96 — Trois potiches en Delft, décor bleu.

97 — Trois plaques en faïence genre Delft.

98 — Grand plat en terre émaillée à relief.

99 — Groupe en faïence de Hoechst : figure de Chinois avec chèvre et trois figures de même faïence.

OBJETS DIVERS

100 — Huit éventails divers, dont un en vernis de Martin et sept écrans chinois.

101 — Une couverture de livre en écaille avec garniture d'argent.

102 — Deux boucles en cuivre et un lot de bijoux en strass.

103 — Une cuiller à punch et cuiller ancienne en argent.

104 — Deux montres Louis XV en argent repoussé et une montre Louis XVI.

105 — Deux grands boutons, quatre petites boîtes et une tabatière en argent.

106 — Six pièces : petits groupes et figurines japonais en bois sculpté.

107 — Un lot de bijoux anciens.

108 — Cinq pièces plaquettes en cristal de roche.

109 — Une miniature à l'huile : portrait de femme dans un étui ovale en cuir fleurdelisé Louis XIV.

110 — Écrin contenant vingt camées coquilles, bustes de rois de France.

111 — Deux figures en biscuit : Jeanne d'Arc et femme debout.

112 — Une miniature ronde Louis XVI : portrait de femme avec rose dans les cheveux, cadre en bronze.

113 — Miniature en grisaille : tête d'homme, cadre en bronze.

114 — Un fixé, paysage et quatre miniatures portraits.

115 — Un dessus de boîte, Cascatelles de Tivoli et un médaillon buste d'empereur, en mosaïque de Rome, plus un médaillon de nacre gravée.

116 — Deux fixés ; vaches au pâturage et intérieur de temple.

117 — Un vase Borghèse en serpentine.

118 — Deux chiens en porcelaine.

119 — Médaillon buste de Louis XV en biscuit et bas-relief à fleurs en albâtre.

120 — Petite coupe en onyx, pied en bronze.

121 — Coffret en marqueterie à sujets de chasse, garni de ferrures en cuivre.

122 — Petit cabinet en laque de Chine.

123 — Un jeu de jaquet avec pions en ivoire.

124 — Deux cornets carrés en fer gravé à arabesques.

125 —. Petite jonque en jade blanc verdâtre avec figurines.

126 — Petite coupe oblongue à couvercle en jade blanc verdâtre,

127 — Petit vase en forme de balustre en jade vert gravé.

128 — Deux flambeaux cuivre à dauphins et deux chenets Louis XV à figures d'enfants.

129 — Une main, fragment de statue en bronze ancien.

130 — Un bœuf en bronze, travail japonais.

131 — Un pitong en bois sculpté.

132 — Pendule Louis XVI en bronze à figure d'enfant, corbeille de fleurs et rubans, socle en bois noir.

133 — Trois seaux à champagne en forme de vases Médicis à côtes, en plaqué.

134 — Petit buste d'enfant en albâtre.

135 — Brûle-parfums en bronze chinois, formé d'un éléphant.

136 — Cinq bras-appliques en bronze ajouré, quatre avec lampes et un au gaz.

Paris. — Imprimerie de l'art, J. Rouam, 41, rue de la Victoire.